ARRÊTÉS

De l'Assemblée-Générale des Représentans de la Commune.

Du Vendredi 9 Avril 1790.

L'ASSEMBLÉE générale des Représentans de la Commune, délibérant sur une Motion relative à l'état d'anarchie dans lequel se trouve la Capitale ; à la mutiplicité dangereuse des pouvoirs qui s'élévent les uns à côté des autres, & se croisent dans tous les sens ; à la nécessité d'apporter un reméde aux maux qui menacent la Chose publique ;

Voulant offrir à ses Concitoyens une preuve éclatante de Prudence après toutes les preuves de courage qu'elle croit leur avoir données ;

A arrêté, à L'UNANIMITÉ, que les 240 Représentans de la Commune donnoient, à l'instant même, leurs démissions ;

Et cependant que l'ordre Public exigeant impérieusement que les Réprésentans actuels de la Commune continuassent leurs Fonctions, jusqu'à ce qu'ils fûssent remplacés par une autre Assemblée, dont l'existence est nécessaire ; a arrêté qu'ils ne désempareroient, que lorsque le remplacement, qu'ils demandent, sera légalement effectué.

A arrêté, en outre, que M. *Godard* rédigeroit une *Adresse* aux Districts, explicative de la résolution ci-dessus, & en présenteroit demain le Projet à l'Assemblée.

A arrêté, enfin, que M. le Maire seroit invité à convoquer, à jour fixe, tant au nom de l'Assemblée qu'au sien, les 60 Sections de cette Capitale, pour que chacune d'elles procédât à l'Election de nouveaux Représentans de la Commune, qui viendroient également, à jour fixe, prendre la place de ceux qui, par les motifs les plus purs d'intérêt public, ont pris le parti de donner leurs démissions.

Signé, *Bertolio*, Président; *Broussonet*; *Ameilhon*; *d'Osmont*; *Faureau de la Tour*; & *Thuriot de la Rosière*, Secrétaires.

Du Samedi 10 Avril 1790.

L'Assemblée générale des Représentans de la Commune, après avoir entendu le projet d'*Adresse* présenté par M. *Godard*, conformément à l'Arrêté ci-dessus, l'a unanimement adopté; & néanmoins, sur la demande de M. *Godard*, a arrêté que l'*Adresse* ne seroit envoyée aux Districts, que lorsqu'elle auroit été revue par lui, conjointement avec quatre Commissaires qu'elle a nommés; savoir, MM. *Dusaulx*, de l'Académie des Inscriptions & Belles-Lettres, *Vigée*, *Moreau* & *Mennessier*.

Délibérant ensuite sur une autre Motion, tendant à ce que le Plan de Municipalité, rédigé par les Représentans de la Commune, soit porté à l'Assemblée Nationale, avec les observations des Districts, en suppliant cette Assemblée, à raison de la situation actuelle de la Capitale, de s'occuper le plus promptement possible de l'organisation de la Municipalité,

A arrêté unanimement que le Plan de Municipalité ci-dessus, conjointement avec les observations envoyées par les Districts, seroit porté au Comité de Constitution de l'Assemblée Nationale;

Qu'une Adresse seroit présentée à cette Assemblée, pour lui exposer la situation de la Capitale, & la nécessité d'organiser promptement la Municipalité;

Que M. Godard & les Commissaires ci-dessus, seroient chargés de rédiger l'Adresse;

Et que, dans la même Adresse, il seroit rendu compte des motifs qui ont déterminé les Représentans de la Commune à donner leurs démissions.

Signé, *Bertolio*, Président; *Broussonet*; *Ameilhon*; *d'Osmont*; *Faureau de la Tour*, & *Thuriot de la Rosière*, Secrétaires.

ADRESSE

De l'Assemblée Générale des deux-cents-quarante Représentans de la Commune, à ses Commettans.

MESSIEURS,

Nous avions reçu de la majorité des Districts le pouvoir d'administrer la Commune, d'organiser provisoirement le corps des soixante Administrateurs Municipaux, de surveiller leurs opérations, de recevoir leurs comptes, & de travailler à la rédaction d'un Plan de Municipalité. C'est la vérification de nos différens pouvoirs, qui offre ce résultat (1), qu'on a cherché souvent à contester, qui, cependant est incontestable, & que, dans les commencemens de notre existence, les Sections de cette Capitale ont toutes reconnu.

Nous avons jusqu'ici rempli notre mission avec des intentions droites, un patriotisme

(1) Voyez les titres III, IV & V du Plan provisoire de Municipalité, adopté par la majorité des Districts.

ſoutenu, une activité ſans bornes; & ſi toujours nous nous ſommes efforcés de répondre aux eſpérances que vous aviez fondées ſur notre zèle, nous pouvons nous rendre à nous-mêmes le témoignage, qu'il eſt plus d'une circonſtance, où, par l'énergie de notre conduite, nous les avons peut-être ſurpaſſées.

Mais l'autorité ne réſide pas long-tems dans les mains les plus fidéles, ſans éveiller la jalouſie, l'eſprit d'intrigue, & toutes les petites paſſions, qui trouvent leur compte à fomenter la diſcorde, pour s'élever ſur les débris du pouvoir qu'elle cherchent à renverſer.

Sans doute, il eſt des agitations, des ſollicitudes, des craintes permiſes à la liberté naiſſante, & qui atteſtent hautement que les hommes qui l'ont conquiſe ſont dignes de la poſſéder. Mais il ne faut pas confondre, avec ces premiers élans, ces inévitables convulſions de la liberté, les ſoupçons injurieux, les attaques indécentes & tous ces mouvemens déſordonnés, véritables caractéres de la licence, & avant-coureurs certains de l'Anarchie.

Depuis pluſieurs mois, nous avons vu l'orage ſe former au loin; & tout-à-coup l'exploſion s'en eſt faite autour de nous. Des autorités illégales ſe ſont élevées à côté de celle qui est légitime, & lui disputent ses droits. L'unité de pouvoirs n'existe plus; le centre de puissance a disparu; le Citoyen, ami de l'ordre, exempt de prévention, est incertain du Tribunal auquel il doit porter ses alarmes ou ses vœux. Un plan de Municipalité a été rédigé par nous, Représentans de la Commune entière; des Délégués d'une portion seulement de cette Commune en ont rédigé un de leur côté. Et c'est en faveur de celui-ci qu'on s'efforce d'arracher votre approbation; c'est celui-ci qu'on veut faire adopter, & qu'on présente comme le résultat du vœu de la Capitale. Enfin, les Décrets de l'Assemblée Nationale déclarent que c'est la Municipalité qui sera chargée de la vente des biens Ecclésiastiques; &, contre le texte formel de ces Décrets, (2) la Municipalité qui existe, qui, toute provisoire qu'elle est, a droit d'exister, qui, jusqu'à une organisation définitive, sera & doit être la *Municipalité*, est dépouillée de ce droit. Ce sont encore de nouveaux délegués, à qui les sections de la Commune le confient.

(1) Voyez le Décret de l'Assemblée Nationale, du 17 Mars.

Nous avons donc perdu votre confiance, ſans avoir ceſſé de la mériter. Et ce qui prouve que nous en ſommes toujours dignes, ce ſont les manœuvres ſecrétes par leſquelles on cherche à diminuer la conſidération due à vos Repréſentans; tandis qu'une guerre ouverte nous ſeroit déclarée, que des imputations directes ſeroient articulées contre nous, ſi nous avions abuſé de la miſſion que nous avons reçue. Ce qui le prouve encore, c'eſt la Juſtice qui nous eſt rendue par un grand nombre de Diſtricts; c'eſt l'opinion des Provinces dont, ſans ceſſe, nous recevons des témoignages honorables; c'eſt, enfin, la publicité de nos opérations, qui aſſociant, pour ainſi dire, le peuple à nos travaux, le rend témoin de l'étendue de notre zèle, & juge de la pureté de nos intentions.

Au milieu de ces pénibles conjonctures, nous avons réfléchi au parti que nous avions à prendre; & plus jaloux du bonheur de nos Concitoyens, que du pouvoir dont nous ſommes dépoſitaires, nous avons réſolu, à l'*unanimité*, de vous donner nos démiſſions.

Si nous n'avions conſulté que le droit qui nous appartient, nous aurions lutté contre l'orage; nous n'aurions quitté qu'au moment de l'organisation définitive de la Municipalité, les fonctions, que les Décrets de l'Assemblée Nationale nous autorisent à conserver (1); & pendant quelques mois encore, nous aurions eu l'honneur de représenter la première Commune de l'Empire.

Mais nos droits ne sont rien; & la paix de cette Capitale est tout à nos yeux. Il est temps de la consolider, d'arrêter l'anarchie, de réunir en un seul tous ces pouvoirs qui se divisent & se combattent sans cesse. Il est temps qu'on sache que, dans une ville immense, ce n'est que par un centre unique d'autorité, par l'existence d'un Corps exclusivement agissant, qu'il est possible de maintenir la tranquillité, de calmer les effervescences, & de réprimer les désordres.

Que les hommes qui sont revêtus de pouvoirs illégaux, en reçoivent donc incessamment de légitimes, & viennent s'asseoir à notre place. L'expérience leur donnera les leçons que nous tenons d'elle. Ils reconnoîtront les vrais principes sur lesquels repose l'ordre public. Et nous-

(1) Voyez l'article premier du Décret portant Réglement provisoire pour la Ville de Paris, en date du 3 Novembre 1789, & le Décret du 3 Décembre, concernant les Municipalités.

même, qui cesserons alors d'être suspects, nous qui dépouillés de toute espéce de droits, ne pourrons pas être accusés de professer des maximes qui nous soient commandées par notre intérêt particulier; nous qui, mêlés & confondus parmi nos Concitoyens, ne leur offrirons plus, dans nos persones, ce caractère contre lequel ils s'arment aujourd'hui d'une injuste défiance, nous développerons, avec une fraternelle loyauté, les sentimens qui nous pressent; nos paroles acquerront insensiblement l'influence qui leur est due; & bientôt toutes ces Assemblées, rivales les unes des autres, éternel foyer de discorde, aliment perpétuel d'anarchie, s'évanouiront, pour laisser une entière autorité à l'Assemblée, qui doit seule en faire mouvoir tous les ressorts.

Si donc les ennemis de la Révolution ont cherché, par cette multiplicité de pouvoirs contraires, à étouffer la Liberté, & à se venger d'avance du bien qu'elle nous assûre, toute leur politique est en défaut, & la Liberté est sauvée par notre résolution.

Le temps n'est plus, où la disette faisoit craindre chaque jour la famine & la révolte. Ce n'est donc pas, dans des conjonctures difficiles, dans des conjonctures ſemblables à celles où notre vie s'eſt trouvée ſi ſouvent en péril, que nous remettons, entre vos mains, le dépôt qui nous a été confié. Si les mêmes dangers nous menaçoient encore, nous aurions le courage de lutter contr'eux; nous ſupporterions les maux dont nous ſommes témoins, parce qu'il ſeroit néceſſaire d'en prévenir de plus grands. Mais, dans les circonſtances actuelles, tout courage, de notre part, ſeroit inutile; une patience puſillanime ſeroit funeſte à la choſe publique; le moment eſt venu, enfin, où des ſucceſſeurs nous ſont devenus néceſſaires: que leurs vœux & les nôtres ſoient donc ſatisfaits.

Mais, que les bons Citoyens ſe raſſûrent; nous attendrons ici les hommes que vous ferez dépoſitaires de votre confiance; nous ne laiſſerons point la choſe publique, ſans défenſeurs; l'Adminiſtration, ſans ſurveillans: notre conſcience & la Loi nous font un devoir de reſter à notre poſte, juſqu'au moment où d'autres viendront le remplir. On a parlé de l'inutilité de notre Aſſemblée. Mais c'étoient des hommes qui ne pouvoient en connoître ni les avantages ni la néceſſité. Quand une conteſtation s'éléve entre deux Diſtricts, & que l'un & l'autre requièrent une décision ; quand il s'éléve aussi quelques débats entre les différentes branches de l'Administration ; quand l'Administration elle-même est inculpée, ne faut-il pas qu'un pouvoir supérieur juge à l'instant, & termine ces diverses réclamations ? Qui recevroit les comptes de l'Administration, si ce n'étoit encore un Pouvoir supérieur ? Il est d'ailleurs des Réglemens généraux, qui ne peuvent être arrêtés que par une Assemblée, qui soit comme le Conseil-Général de la Commune. Cette Assemblée, enfin, centre de correspondance de tous les points de cette Capitale, est plus nécessaire qu'on ne le croit pour veiller sur la Liberté, & déconcerter les projets qu'on se permettroit contre elle. Nous nous garderons donc bien de laisser nos places vacantes. Courageux, quand il l'a fallu ; prudens & sages, quand il le faut, nous savons, tour-à-tour, nous imposer les devoirs qui conviennent aux circonstances dans lesquelles nous sommes placés. Nous prouverons, enfin, que, si vous nous avez honorés par le titre dont vous nous avez revêtus, nous avons su honorer ce titre même, & par l'ensemble de notre conduite, & par l'abdication volontaire de nos droits.

Arrêté par Nous, Commiſſaires nommés par l'Aſſemblée Générale des Repréſentans de la Commune, ce 11 Avril 1790.

Signé, *Godard*; *Duſſaulx*; *Vigée*, *Moreau*; *Menneſſier*.

De l'Imprimerie de LOTTIN *l'aîné*, & LOTTIN *de S.-Germain*, Imprimeurs-Libraires Ordinaires de la VILLE, rue S.-André-des-Arcs, (N° 27) 1790.

www.ingramcontent.com/pod-product-compliance
Lightning Source LLC
LaVergne TN
LVHW010330230826
846091LV00009B/3810
9782019235055